GELD MACHEN MIT BINÄROPTIONEN:

DIE CALENDS STRATEGIE

Das Binäroptionen Spekulator Buch 2

José Manuel Moreira Batista

Einführung

Jeden Tag erklären uns selbsternannte Börsen Experten warum der Markt jeder stieg oder sank, als ob sie wüssten warum. Wo waren sie also gestern?

~ Anonymous

Geld machen mit Binäroptionen: Die Calends Strategie präsentiert das einfache, komplette System das Ich benutze um mit Binäroptionen zu handeln. Es basiert auf einer simplen aber doch starken Idee: Was in der Vergangenheit funktioniert hat, wird dies wahrscheinlich auch in der Zukunft tun.

Mit diesem System handelt man nur einmal im Monat und immer mit denselben Binäroptionen. Einen Handel zu beginnen dauert nur wenige Minuten: Sie sehen sich in einer Tabelle an, ob der gewählte Posten wahrscheinlich sinken oder steigen wird und wie viel Sie setzten sollten. Dann loggen Sie sich in die Binäroptionsplattform Ihrer Wahl ein und geben diese Daten ein. Bis zum Ende des Monats müssen Sie nun nichts mehr tun.

Geld machen mit Binäroptionen: Die Calends Strategie beschreibt ein komplettes einsatzbereites Handelssystem. Es beinhaltet sowohl den Handel als auch das Finanzverwaltungssystem. Das Buch beginnt damit zu beschreiben wie die Handelsstrategie aufgebaut ist. Es erklärt ebenso das Konzept der Erwarteten Profite und wie man sehen kann, ob eine Strategie es wert ist, benutzt zu werden und wie man diese bewertet. Das rationale Finanzverwaltungssystem kommt als nächstes, gefolgt von einer Beschreibung wie man die monatlichen Käufe platziert.

Ich bin davon überzeugt, dass Sie dieses Buch sehr hilfreich finden werden. Ich suche immer nach neuen Einsichten und Ideen und begrüße Vorschläge wenn Sie so freundlich sind, diese mit mir zu teilen um meine Arbeit weiter zu verbessern.

Handle mit Verstand, habe Spaß und mach Profit!

José Manuel Moreira Batista

PS: Leser erhalten eine kostenlose Infografik der Calends Strategie. Gehe auf morbat.com/calendsinfo um diese zu erhalten.

WAS LESER SAGEN

"Das ist Pflichtlektüre für jeden der spekulieren möchte."

Pukanecz

"Ich habe damit einige Erfolge erzielt und einiges an Geld verdient."

Matthew

"Wer mit Binäroptionen handeln möchte muss dieses Buch lesen."

Laura Groff

"Ein großartiges Buch für jeden, der lernen will wie man mit Binäroptionen handelt."

DC7113

"Dieses Buch enthält wertvolle Informationen über den Handel mit Binäroptionen."

Bookreader

Inhalt

Die Calends Handelsstrategie

Das Leben ist sehr einfach, wir beschließ nur, es uns schwer zu machen.

~ Confucius

Wenn Sie wie ich sind, haben Sie die Dinge auch gerne einfach. Fangen wir also damit an, uns auf Trades zu konzentrieren, die in der Vergangenheit gut funktioniert haben. Wir konzentrieren uns deshalb auf hochprofitable Trades. Dafür nehmen wir an, dass die vergangene Erfolgsrate eines Trades die beste Vorhersage für den Erfolg liefert:

Erfolgswahrscheinlichkeit = Anzahl gewonnener Trades / Totale Anzahl Trades

Das Resultat wird manchmal auch *Gewinnsatz*, *Gewinnquote* oder *win%* genannt. Die Wahrscheinlichkeit des Verlierens eines Trades, die Verlustquote, berechnet man indem die Gewinnquote von 1 abgezogen wird.

Verlustquote = 1 - Gewinnquote

Bedenke, dass weder eine Verlust noch eine Gewinnquote von 90% oder gar 99% keine Garantie auf Profit liefert. Diese Information alleine verrät nicht ob die Strategie profitabel ist. Um das herauszufinden müssen wir wissen, wie groß der durchschnittliche Trade sowohl bei den gewonnenen als auch den verlorenen Trades ist und diese in dem *Ertrag zu Risiko Quote* kombinieren

Ertrag zu Risiko Quote = Durchschnittliche Gewinnsumme / Durchschnittliche Verlustsumme

Am Ende zeigt uns die Erwartung, kombiniert aus Risikoquote, Gewinn- und Verlustquote, ob die Strategie auf lange Sicht profitabel ist oder nicht.

Erwartung = Ertrag zu Risiko x Gewinnquote - Verlustquote

Eine Strategie mit einer positiven Erwartung wird auf die Länge Profit erwirtschaften. Eine Strategie mit einer negativen Erwartung wird Geld verschwenden und sollte deshalb nicht angestrebt werden. Wenn Strategie A einen höheren Erwartungswert aufweist als Strategie B, sollte Strategie A bevorzugt werden.

Nun da wir eine Logik haben für die Trades und eine Mechanik um zu dem Potential zu errechnen brauchen wir einen spezifischen Typ von Binäroptionen um diese auch anzuwenden. Die Calends Strategie benutzt Höher/Tiefer Binäroptionen (Die Steigen/Fallen Optionen können benutzt werden wenn der Kurs über/unter der Schwelle ist). Bei diesen Trades wählen wir eine Schwelle, eine Richtung und eine Endzeit. Dann setzten wir ob der Kurs des Index am Ende der Laufzeit höher oder tiefer als der Schwellenwert sein wird. Bei der Richtung des Trades sehen wir nach, was in der Vergangenheit häufiger passiert ist: Ist er öfter gestiegen oder gesunken?

Der Ausschnitt unten zeigt eine solche Höher/Tiefer Wette mit dem niederländischen Index von meinem Bevorzugten Broker binary.com.

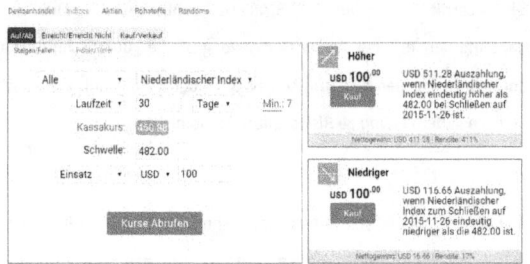

Finanzverwaltung

Man kann jung sein ohne Geld, aber man wird nicht alt ohne.

~ Tennessee Williams

Kein Handelssystem ist komplett ohne ein passendes System zur Finanzverwaltung. Tatsächlich sind viele Strategien nur deshalb profitabel, weil ein solides Finanzsystem dahinter steht. Andere wiederrum versagen weil dieses komplett fehlt. Die Hauptidee hinter solchen Systemen ist es, zu verhindern dass man nur aufgrund von wenigen Trades sein gesamtes Kapital verliert. Wenn wir nun 10% unseres Startkapitals bei jedem Trade verlieren, haben wir selbst nach fünf verlorenen Wetten noch 50% des Betrages mit dem wir begonnen haben. Mit einem durchschnittlichen Ertrag von 70% pro Trade brauchen wir nun sieben Gewinne um nur schon eben raus zu kommen.

Das Finanzsystem das ich bevorzuge ist die *Kelly%* (auch bekannt als das *Kelly System*, *Kelly Kriterium* oder die *Kelly Formel*). Entwickelt von J.L. Kelly in den 50ern ist sie erwiesenermaßen das beste System (sofern ein Trade gleich grosse Gewinn- und Verlustwahrscheinlichkeit hat und die Auszahlungsrate immer gleich bleibt).

$$\text{Kelly } \% = [W \times (R + 1) - 1] / R$$

In der oben gezeigten Formel ist W der durchschnittliche Gewinnprozentsatz der Strategie und R der durchschnittliche Gewinn des Trades. Das Ergebnis der Formel ist eine Zahl, die Prozent des Kapitals den wir riskieren sollten. Zum Beispiel: W=60% und R=70%, dann ist der Kelly% 2.86%. Wenn wir also 5000€ zur Verfügung haben sagt uns der Kelly% dass wir 143€ (5000€ x 2.86%) setzen sollten.

Auch wenn es bewiesen ist, dass wir mit diesem System am besten fahren, passieren auch mit der Kelly Formel Rückschläge mit einer gewissen Wahrscheinlichkeit.

Wenn man einen tieferen Adrenalinpegel bevorzugt kann man zb. Nur die Hälfte oder gar einen Viertel der Kelly % benutzen um den Einsatz zu berechnen. Alternativ kann man auch einen fixen Prozentsatz setzten. Dieser Prozentsatz ist üblicherweise zwischen 2% und 5%. Mit einem Kontostand von 5000€ würde man also 100€ (5000€ x 2%) setzen.

Der monatliche Trade

Was wir Chaos nennen sind nur Muster, die wir noch nicht verstanden haben.
Was wir Zufall nennen sind Muster, die wir nicht entziffern können.

~ Chuck Palahniuk

Wie bereits erwähnt basiert die Calends Strategie darauf, sich wiederholende Muster bei den Kursen zu erkennen. Sehen wir uns dafür mal den NASDAQ 100 Index an. Die Tabelle unten wurde erstellt und heruntergeladen durch Yahoo! Finance.

[1] ^NDX : USA: NASDAQ-100				
[2] <-> Grundszenario: 0,0% von Eröffnung.				
# Jahre	[3] 24	Erwarteter Gewinn:		[4] 70%
Monat	[5] Richtung	[6] Win %	[7] Erwartung	[8] Kelly %
Januar	Höher	69.6%	0.18	7%
Februar	Tiefer	54.2%	0.32	6%
März	Höher	66.7%	0.13	5%
April	Höher	54.2%	-0.08	0%
May	Höher	62.5%	0.06	2%
Juni	Tiefer	58.3%	0.42	7%
July	Höher	58.3%	-0.01	0%
August	Höher	54.2%	-0.08	0%
September	Höher	62.5%	0.06	2%
Oktober	Höher	70.8%	0.20	7%
November	Höher	66.7%	0.13	5%
Dezember	Höher	62.5%	0.06	2%

Anmerkung: Diese Tabelle ist nur zur Vorführung!

1 – ^NDX ist Yahoo!'s Ticker für den NASDAQ 100 Index.

2 – In diesem Szenario ist die Schwelle der Eröffnungswert des Index. Deshalb auch die „0% from opening", also 0% vom Eröffnungswert.

3 – In dieser Kalkulation wurde mit Daten aus 24 Jahren gearbeitet. Diese Zahl wird bestimmt durch die Verfügbarkeit von Daten. Selbstverständlich bieten mehr Informationen dabei mehr Sicherheit.

4 – Die Berechnungen gehen davon aus, dass Binäroptionen Handel 70% des Einsatzes einbringen. Das ist relevant für die Berechnung des Ertrages und des Kelly %. Wenn der Trade weniger als 70% einbringen sollte, kann man getrost darauf verzichten.

5 – Die Richtung des Trades ist entweder Höher oder Tiefer. Wenn die Daten zeigen, dass der Wert öfter höher als tiefer geht, bestimmt das worauf man setzten sollte.

6 – Diese Spalte zeigt die vergangenen Erfolgsraten jedes Monats für einen Trade mit der gezeigten Richtung. Zum Beispiel in den Vergangen Jahren war der NASDAQ 100 Abschlusspreis am Ende des Januars höher als der Eröffnungspreis in 69.6% der Fälle. Im Vergleich zum Februar der nur 54.2% hatte.

7 – Diese Spalte zeigt die Erwartung des Monats. Wen die Erwartung im positiven Bereich ist, ist es okay einen Trade zu machen. Wenn sie negativ ist sollte darauf verzichtet werden.

8 – Die Kelly % ist ein Viertel der berechneten Kellyprozente für jeden Trade, das ist es auch was ich bei meinen Trades benutze.

Trades platzieren

Verstehe, dass alles richtig läuft, ob du es verstehst, oder nicht.

~ Valery Satterwhite

Einen Trade zu machen ist eine ziemlich einfache Sache. Nehmen wir an es ist Anfang Januar und du hast ein Guthaben von 5000€. Der NASDAQ 100 öffnet am 2. Januar, dem ersten Handelstag des Monats, mit einem Wert von 3576. Dieser Eröffnungswert ist die Schwelle für die Höher/Tiefer Binäroptionen. Die Handelsrichtung ist *höher* und du wählst den letzten Handelstag vom Januar als Enddatum des Trades. Du benutzt den Kelly % um herauszufinden, wie hoch dein Einsatz ist. Multipliziert man 7% mit 5000€ wettet man 350€.

Leider schließt der NASDAQ 100 am 31. Januar bei 3522, somit verbuchst du einen Verlust und dein Kapital ist jetzt noch 4650€.

Der NASDAQ 100 öffnet im Februar bei 3524 und du setzt 279€ (6% x 4650€) darauf, dass er Ende Monat tiefer sein wird. Er schließt dann mit 3696, dein Kapital sinkt erneut, diesmal auf 4371€.

Unbeirrt wählst du 3675 als Schwelle für den März und setzt 219€ (5% x 4371€) dass der Index Ende Monat höher sein wird.

So geht es dann weiter und weiter jeden Monat.

Du wunderst Dich vielleicht, warum ich in diesem Beispiel mit einigen Verlusten begonnen habe, nicht gerade der einfachste Weg, Menschen für dieses System zu begeistern. Es geht mir dabei darum zu zeigen, dass diese Strategie auf Langzeitprofite abzielt und man dabei zwangsweise von Zeit zu Zeit verlieren wird. Tatsächlich werden auch sich wiederholende Verluste wiederholen und man wird zurückgeworfen, deshalb wird einiges an Disziplin und Geduld verlangt. Diese Strategie ist nichts für jemanden der das schnelle Geld sucht. Nun da wir das geklärt haben, kümmern wir uns um die häufig gestellten Fragen.

Häufig gestellte Fragen

Wenn du mir eine Frage stellst mit vielen Teilen und meine Antworten bestehen zur Hälfte aus ja und Nein, mische ich sie vielleicht zusammen und antworte mit einem vagen Vielleicht.

~ Jarod Kintz

Wie erstellt man diese Tabellen mit den Berechnungen?

Als erstes holt man sich die historischen Daten über die Kurse. Diese können bei Yahoo! Finance heruntergeladen werden. Sie kommen im CSV Format welches einfach ins Excel importiert werden können wenn man nur einige kleine Dinge nachsehen will. Wenn man sich intensiv mit dem Thema beschäftigen möchte existieren einige Programme die einem diese Dinge enorm erleichtern. MLDownloader (Windows) und StockXloader (Mac). Beide sind günstig und einfach zu bedienen. Nicht alle Daten können bei Yahoo! Finance gefunden werden. Man findet mehr mit der Tick Data Downloader Software. Die Bedienung dieses Programmes ist sehr intuitiv: Man wählt die Paare aus und die Zeitspanne und klickt auf *Start Download*.

Als nächstes beginnt man mit einfachen Kalkulationen wie in *Der Monatliche Trade* beschrieben. Ich benutze dafür ein Programm das in Python geschrieben ist. Zuvor allerdings habe ich mit einer Excel Tabelle gearbeitet, diese könnte ihr auf morbat.com/boexcel herunterladen.

Womit soll ich jeden Monat handeln?

Das ist natürlich eine persönliche Einstellungssache. Man könnte zum Beispiel einen Index wie den SP-500 oder ein Währungspaar wie EUR/USD auswählen und dabei bleiben. Wenn die Größe des Kapitals dies zulässt, kann man auch auf mehrere Investitionen aufteilen. Eine andere Möglichkeit ist es viele Anlagen zu beobachten und Ende Monat die profitabelsten auszuwählen. Dies ist auch der Weg den ich gehe.

Kannst du uns ein paar Regeln über Traden verraten?

Natürlich! Ein guter Trader hat einige Regeln denen er stets folgt. Hier sind Trader Bens Regeln:

1) Bens Kapital ist in vier gleich grosse Stücke aufgeteilt. Mit Kapital #1 versucht er jeden Monat den höchsten Gewinn zu erzielen bei den Devisen. Mit #2 dasselbe mit allen Indexen. Bei #3 nur den EURUSD Kurs und #4 USDJPY.

2) Ben benutz nie eines seiner vier Kapitalstücke auf irgendetwas anderes als das zugewiesene.

3) Ben schließt nur Trades mit einer Win% von mindestens 70% ab.

4) Ben berechnet seinen Einsatz immer mit den Kelly%.

Welchen Broker empfiehlst du?

Die Calends Strategie kann mit jedem Broker benutzt werden, der Binäroptionen anbietet mit mindestens einem Monat Laufzeit. Der Broker meiner Wahl ist Binary.com. Früher auch *BetOnMarkets*, genannt. Es gibt sie schon eine Weile und sie machen keine Probleme mit der Auszahlung, diese ist dort automatisiert und benötigen keine Anrufe von „Account Managern" die einem die Auszahlung ausreden wollen. Ich finanziere das ganze üblicherweise über Skrill.

Wie viel Startkapital brache ich für die Strategie?

Wenn du mit einem Viertel der Kelly% beginnst, oder 2% des Kapitals können 100 Euro bereits ausreichen. Auch wenn 500 oder gar 1000 Euro zu bevorzugen sind. Gleichgültig wie viel es ist, Handle stets mit dem eigenen Geld. Leihe unter keinen Umständen Geld zum Handeln aus.

Kann jemand die Geschäfte für mich machen?

Wenn du keine Zeit hast oder andere Gründe, warum du die Trades nicht selbst durchführen kannst, bitte besuche morbat.com/calendstrader um Informationen darüber zu bekommen.

Lerne den Autor kennen

José Manuel Moreira Batista ist ein privater Trader und Investor und kümmert sich auch um private Anliegen. Nachdem er 1982 die Handelsschule besucht hat ging er zur Air Force. Danach war er im Kader von verschiedenen internationalen Konzernen tätig bis 1999.

Dann verließ er die Konzernwelt und gründete die Unternehmensberatung und Trading Firma die er noch heute besitzt. Er unterrichtete Buchhaltung, Konzernfinanzen, Immobilienmarkt und Kostenrechnungen an der Universität.

Seine praktischen Bücher und Kurse mischen seine Erfahrung und sein theoretisches Wissen um diese einfach weiterzugeben. Jeder Leser kann sich darüber freuen, ohne sich groß mit der Materie beschäftigen zu müssen. Er lebt zurzeit in Cascais, Portugal.

Haftungsausschluss

Dieses Werk dient nur als Lehrbuch. Die Vergangenen Resultate garantieren nicht für zukünftige Erfolge. Alle Formen des Handels und Trading beinhalten Risiken und sind nicht für Jedermann geeignet. Man sollte immer einen Experten beziehen bevor man mit dem Trading beginnt. In jedem Fall ist man selbst für die Resultate verantwortlich.

Der Autor und/oder Verleger kann in einer geschäftlichen Beziehung mit einigen oder allen Firmen sein, deren Service und Produkte in diesem Werk beschrieben wurden. Das bedeutet, dass ohne zusätzliche Kosten für den Kunden, diese eine gewisse Kommission erhalten, wenn sich der Kunde dafür entscheidet, deren Produkte oder Service zu nutzen.